tulunghaan - школа	2
biyahe - путешествие	5
transportasyon - транспорт	8
siyudad - город	10
talan-awon - ландшафт	14
restawran - ресторан	17
supermarket - супермаркет	20
ilimnon - напитки	22
pagkaon - еда	23
umahan - ферма	27
balay - дом	31
sala - гостиная	33
kusina - кухня	35
banyo - ванная комната	38
kwarto sa bata - детская комната	42
bisti - одежда	44
buhatan - офис	49
ekonomiya - экономика	51
mga trabaho - профессии	53
mga gamit - инструменты	56
mga instrumento sa musika - музыкальные инструменты	57
zoo - зоопарк	59
sports - спорт	62
mga kalihokan - действия	63
pamilya - семья	67
lawas - тело	68
ospital - больница	72
emergency - неотложный случай	76
yuta - земля	77
orasan - часы	79
semana - неделя	80
tuig - год	81
mga porma - формы	83
mga kolor - цвета	84
kaatbang - противоположности	85
mga numero - цифры	88
mga pinulongan - языки	90
kinsa / unsa / unsaon - кто / что / как	91
diin - где	92

Impressum
Verlag: BABADADA GmbH, Nedderfeld 112 , 22529 Hamburg
Geschäftsführer / Verlagsleitung: Harald Hof
Druck: Books on Demand GmbH, In de Tarpen 42, 22848 Norderstedt

Imprint
Publisher: BABADADA GmbH, Nedderfeld 112 , 22529 Hamburg, Germany
Managing Director / Publishing direction: Harald Hof
Print: Books on Demand GmbH, In de Tarpen 42, 22848 Norderstedt, Germany

tulunghaan
школа

bahinon
делить

board
доска

magparehistro
классная комната

natad sa tulunghaan
школьный двор

magtutudlo
учитель

papel
бумага

isulat
писать

bolpen
ручка

lamesa
письменный стол

ruler
линейка

libro
книга

estudyante
ученик

bag
ранец

sudlanan sa lapis
пенал

lapis
карандаш

panhait sa lapis
точилка

rubber
ластик

drawing pad
альбом для рисования

drowing
рисунок

brush sa pintal
кисточка

kahon sa pintal
коробка красок

gunting
ножницы

papilit
клей

libro sa ehersisyo
тетрадь

homework
домашняя работа

gidaghanon
цифра

idugang
прибавлять

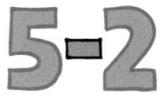
kuhai
вычитать

i-multiply
умножать

kuwentaha
считать

sulat
буква

alpabeto
алфавит

pulong
слово

tulunghaan - школа

teksto

текст

pagbasa

читать

chalk

мел

leksyon

урок

magparehistro

классный журнал

pagsusi

экзамен

sertipiko

диплом

uniporme sa eskwelahan

школьная форма

edukasyon

образование

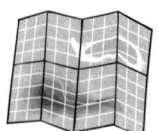

ensiklopedya

энциклопедия

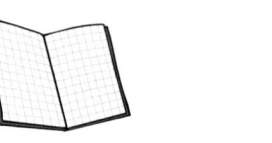

unibersidad

университет

mikroskopyo

микроскоп

mapa

карта

paperbasket sa basura

корзина для бумаг

tulunghaan - школа

biyahe
путешествие

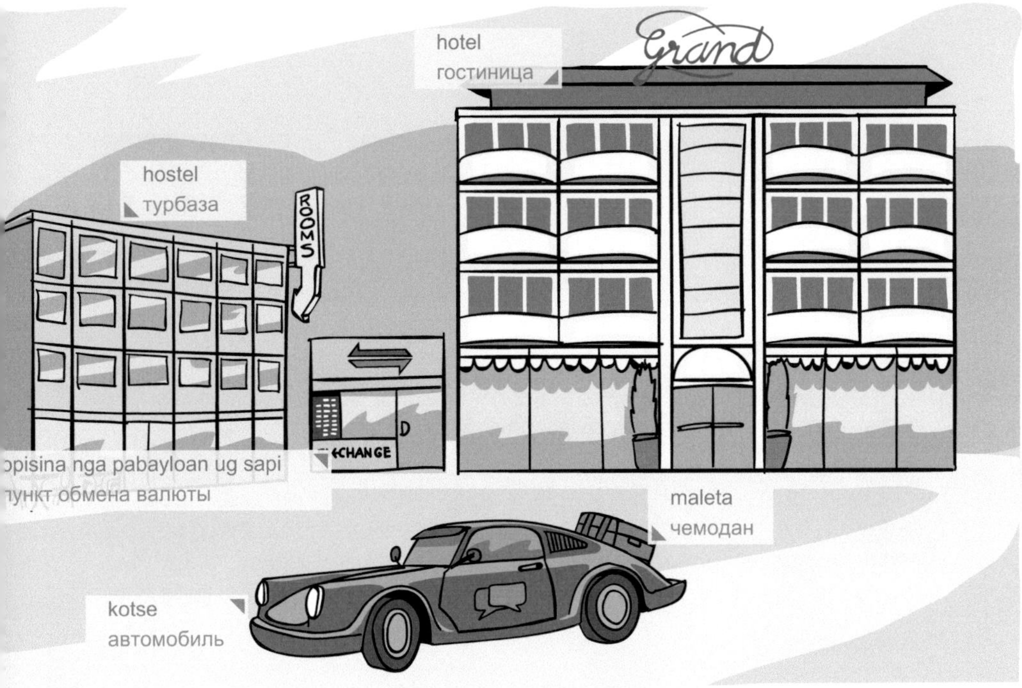

hotel
гостиница

hostel
турбаза

opisina nga pabayloan ug sapi
пункт обмена валюты

maleta
чемодан

kotse
автомобиль

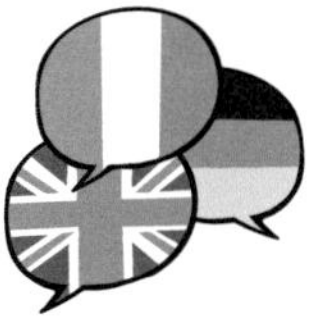

pinulongan

язык

oo / dili

да / нет

Okay

хорошо

kumusta

Привет

maghuhubad

переводчик

Salamat

Спасибо

tagpila ang

Сколько стоит…?

Dili ako makasabut sa

Я не понимаю

problema

проблема

Maayong gabii!

Добрый вечер!

Maayong buntag

Доброе утро!

Maayong gabii

Доброй ночи!

babay

До свидания

direksyon

направление

bagahe

багаж

bag

сумка

backpack

рюкзак

bisita

гость

kwarto

комната

bag nga katulganan

спальный мешок

tolda

палатка

impormasyon sa mga turista

туристическая информация

baybayon

пляж

credit card

кредитная карточка

pamahaw

завтрак

paniudto

обед

panihapon

ужин

tiket

билет

elebeytor

лифт

selyo

почтовая марка

utlanan

граница

mga kostumbre

таможня

embahada

посольство

visa

виза

pasaporte

паспорт

transportasyon
транспорт

eroplano
самолёт

barko
корабль

trak para sa sunog
пожарный автомобиль

bus
автобус

trak
грузовик

e-motor nga bangka
моторная лодка

bisikleta
велосипед

kotse
автомобиль

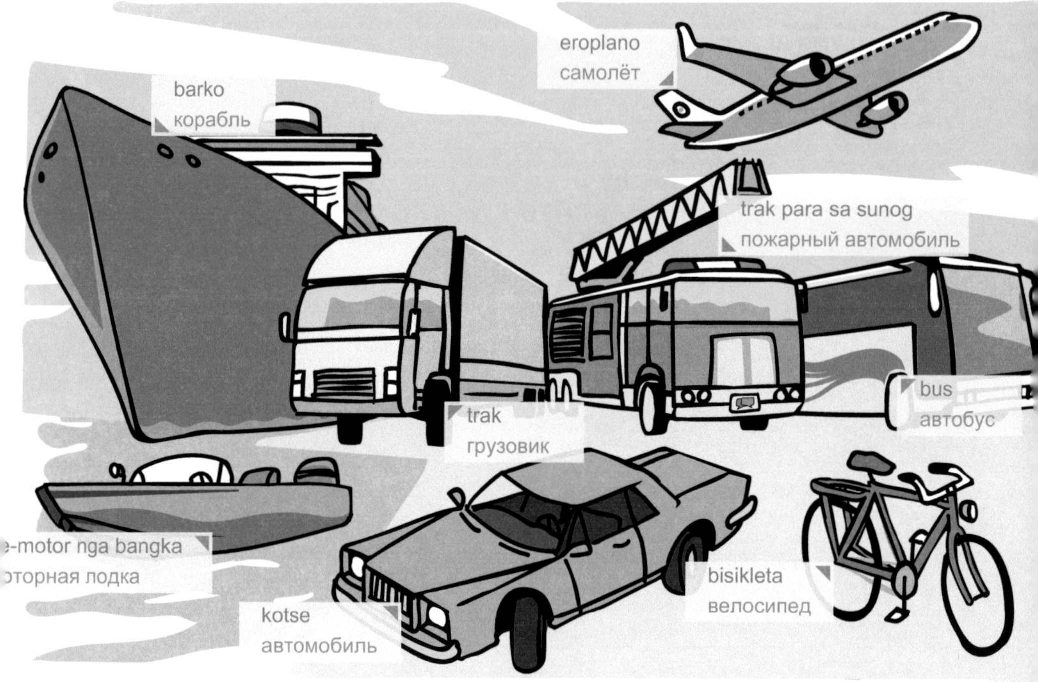

sakayan

паром

sakayan

лодка

motorsiklo

мотоцикл

sakyanan sa polis

полицейский автомобиль

awto para panlumba

гоночный автомобиль

giabangan nga awto

арендованный автомобиль

transportasyon - транспорт

pag-ambit sa awto
совместное пользование автомобилями

tow truck
буксировочный автомобиль

trak sa basura
мусоровоз

motor
двигатель

gasolina
топливо

gasolinahan
заправка

simbolo sa trapiko
дорожный знак

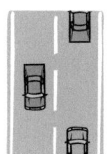

trapiko
движение

huot nga trapiko
пробка

lugar nga paradahan
автостоянка

estasyon sa tren
вокзал

riles
рельсы

tren
поезд

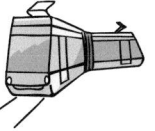

tram
трамвай

karomata
вагон

helicopter

вертолёт

tugpahanan

аэропорт

torre

вышка

pasahero

пассажир

sudlanan

контейнер

karton

коробка

kariton

тележка

bukag

корзина

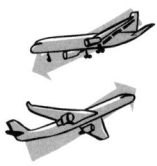

paghawa / pag-abot

взлетать / приземляться

siyudad
город

balangay

деревня

sentro sa siyudad

центр города

balay

дом

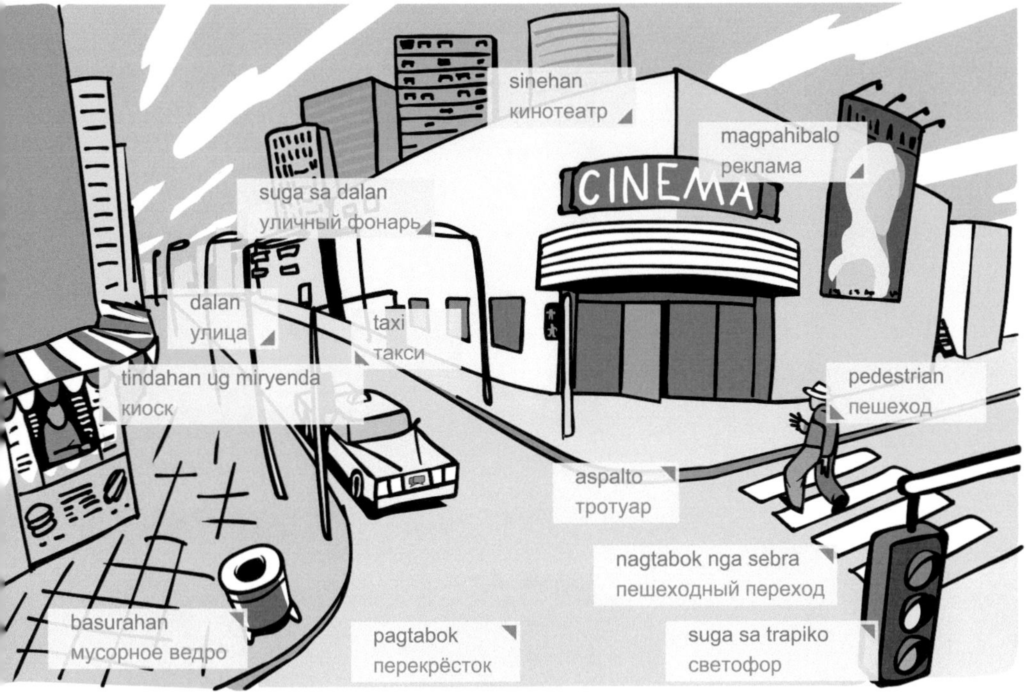

sinehan
кинотеатр

magpahibalo
реклама

suga sa dalan
уличный фонарь

dalan
улица

taxi
такси

tindahan ug miryenda
киоск

pedestrian
пешеход

aspalto
тротуар

nagtabok nga sebra
пешеходный переход

basurahan
мусорное ведро

pagtabok
перекрёсток

suga sa trapiko
светофор

payag

хижина

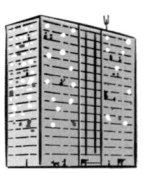

patag

квартира

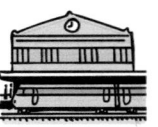

estasyon sa tren

вокзал

munisipyo

ратуша

museum

музей

tulunghaan

школа

siyudad - город

unibersidad

университет

bangko

банк

ospital

больница

hotel

гостиница

parmasya

аптека

buhatan

офис

tindahan ug libro

книжный магазин

shop

магазин

tindahan ug bulak

цветочный магазин

supermarket

супермаркет

merkado

рынок

department store

универмаг

tindahan sa isda

торговец рыбой

shopping center

торговый центр

dunggoanan

порт

siyudad - город

parke
парк

bangko
скамейка

tulay
мост

hagdanan
лестница

ilalom sa yuta
метро

tunel
тоннель

hunonganan sa bus
автобусная остановка

bar
бар

restawran
ресторан

kahon sa sulat
почтовый ящик

ilhanan sa dalan
табличка с названием улицы

parking meter
паркометр

zoo
зоопарк

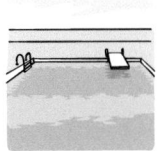
swimming pool
бассейн

mosque
мечеть

siyudad - город

umahan
ферма

polusyon
загрязнение окружающей среды

lubnganan
кладбище

simbahan
церковь

dulaanan
детская площадка

templo
храм

talan-awon
ландшафт

- dahon — лист
- ilhanan sa direksyon — дорожный указатель
- dalan — дорога
- kasagbutan — луг
- bato — камень
- kahoy — дерево
- tigbaktas — путешественник
- suba — река
- sagbot — трава
- bulak — цветок

walog

долина

bungtod

гора

linaw

озеро

kalasangan

лес

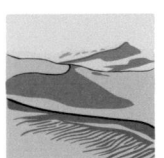

disyerto

пустыня

bulkan

вулкан

kastilyo

замок

balangaw

радуга

uhong

гриб

palma nga kahoy

пальма

lamok

комар

langaw

муха

hulmigas

муравей

buyog

пчела

lawa-lawa

паук

talan-awon - ландшафт

bakukang
жук

baki
лягушка

eskwirel
белка

ilaga sa humayan
еж

liebre
заяц

ngiw-ngiw
сова

langgam
птица

sisne
лебедь

baboy
кабан

usa
олень

moose
лось

dam
плотина

turbina sa hangin
ветряной генератор

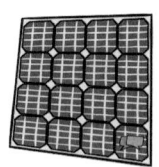

solar panel
солнечная батарея

klima
климат

talan-awon - ландшафт

restawran
ресторан

pagsugod
закуска

una nga pagkaon
главное блюдо

hinam-is
десерт

ilimnon
напитки

pagkaon
еда

botelya
бутылка

fastfood | pagkaon sa kalye | teapot
фастфуд | уличная еда | чайник

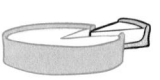

kahon sa asukar | bahin | espresso machine
сахарница | порция | кофеварка

taas nga lingkuranan | bayranan | tray
детский стульчик | счет | поднос

kutsilyo | tinidor | kutsara
нож | вилка | ложка

kutsarita | serviette | bildo
чайная ложка | салфетка | стакан

restawran - ресторан

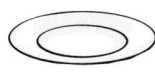

plato

тарелка

plato sa sabaw

суповая тарелка

platito

блюдце

sawsawan

соус

tig-uyog sa asin

солонка

panggiling sa paminta

мельница для перца

suka

уксус

lana

масло

panakot

специи

ketchup

кетчуп

mustasa

горчица

mayonnaise

майонез

supermarket
супермаркет

espesyal nga tanyag
специальное предложение

kustomer
покупатель

produkto nga gatas
молочные продукты

trolley
тележка для покупок

prutas
фрукты

mag-iihaw

мясной магазин

panaderya

пекарня

timbang

взвешивать

utanon

овощи

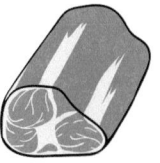

karne

мясо

frozen nga pagkaon

быстрозамороженные продукты

bugnaw nga karne

нарезка

delata nga pagkaon

консервы

panglaba nga powder

стиральный порошок

tam-is

сладости

mga produkto sa panimalay

предмет домашнего обихода

panglimpyo nga mga produkto

моющее средство

tindero/tindero

продавщица

cash register

касса

kahera

кассир

listahan sa palitonon

список покупок

mga oras sa pag-abli

время работы

pitaka

бумажник

credit card

кредитная карточка

bag

сумка

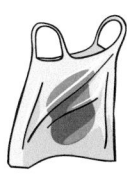

plastic bag

полиэтиленовый пакет

supermarket - супермаркет

ilimnon
напитки

tubig
вода

juice
сок

gatas
молоко

coke
кока-кола

bino
вино

beer
пиво

alkohol
алкоголь

kakaw
какао

tsa
чай

kape
кофе

espresso
эспрессо

cappucino
капучино

pagkaon
еда

saging

банан

mansanas

яблоко

orange

апельсин

melon

арбуз

limon

лимон

karot

морковь

ahos

чеснок

kawayan

бамбук

sibuyas

лук

uhong

гриб

mani

орехи

pansit

лапша

spaghetti
спагетти

bugas
рис

salad
салат

chips
картофель фри

pinirito nga patatas
жареный картофель

pizza
пицца

hamburger
гамбургер

sandwich
сэндвич

piraso sa karne nga walay bukog
шницель

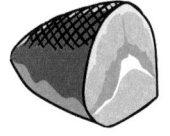

hamon
ветчина

salami
салями

soriso
колбаса

manok
курица

sinugba
жаркое

isda
рыба

pagkaon - еда

lugaw nga oats

овсяные хлопья

muesli

мюсли

mga cornflake

кукурузные хлопья

harina

мука

croissant

круассан

linukot nga tinapay

булочка

pan

хлеб

tostada

тост

mga biskwit

печенье

mantikilya

масло

curd

творог

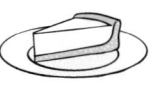

cake

пирог

itlog

яйцо

pritong itlog

яичница

keso

сыр

pagkaon - еда

ice cream
мороженое

asukar
сахар

dugos
мёд

jam
мармелад

nougat cream
крем с нугой

curry
карри

pagkaon - еда

umahan
ферма

balay sa umahan
крестьянский дом

kamalig
сарай

bugkos nga dayami
тюк из соломы

uma
поле

kabayo
лошадь

trailer
прицеп

anak sa kabayo
жеребёнок

traktora
трактор

asno
осёл

karnero
овца

nating karnero
ягнёнок

kanding
коза

baka
корова

nating baka
телёнок

baboy
свинья

baktin
поросёнок

baka nga lake
бык

gansa
гусь

itik
утка

piso
цыплёнок

himungaan
курица

cockrel
петух

ilaga
крыса

iring
кошка

ilaga
мышь

toro
вол

iro
собака

balay sa iro
конура

hose sa tanaman
садовый шланг

lata nga pamisbis
лейка

scythe
коса

daro
плуг

umahan - ферма

galab

серп

sarol

мотыга

pang-kahig

навозные вилы

hatsa

топор

karetilya

тачка

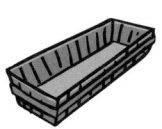

pasung

корыто

lata sa gatas

бидон для молока

sako

мешок

koral

забор

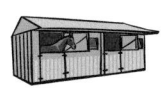

lig-on

хлев

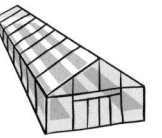

greenhouse

теплица

yuta

почва

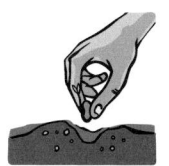

binhi

посев

abono

удобрение

combine harvester

комбайн

umahan - ферма

ting-ani

собирать урожай

ting-ani

урожай

mga ubi

ямс

trigo

пшеница

soya

соя

patatas

картофель

mais

кукуруза

rapeseed

рапс

kahoy nga mamunga

фруктовое дерево

kamoteng kahoy

маниок

pagkaon nga mga lugas

злаки

balay
дом

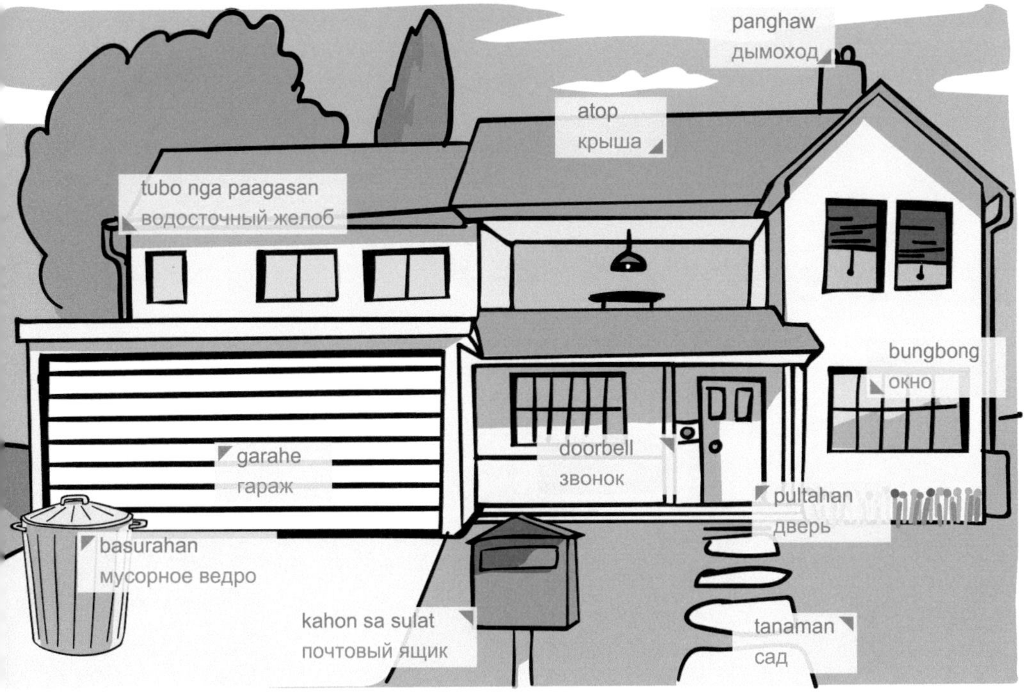

panghaw — дымоход
atop — крыша
tubo nga paagasan — водосточный желоб
bungbong — окно
garahe — гараж
doorbell — звонок
pultahan — дверь
basurahan — мусорное ведро
kahon sa sulat — почтовый ящик
tanaman — сад

sala
гостиная

banyo
ванная комната

kusina
кухня

kwarto nga higdaanan
спальня

kwarto sa bata
детская комната

kan-anan
столовая

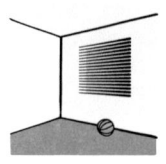
salog
пол

dingding
стена

kisame
потолок

bodega sa bino
подвал

sauna
сауна

balkonahe
балкон

terasa
терраса

pool
бассейн

lawnmover
газонокосилка

piraso nga papel
пододеяльник

kobrekama
покрывало

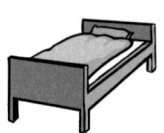
higdaanan
кровать

silhig
метла

balde
ведро

pindutan
выключатель

balay - дом

sala
гостиная

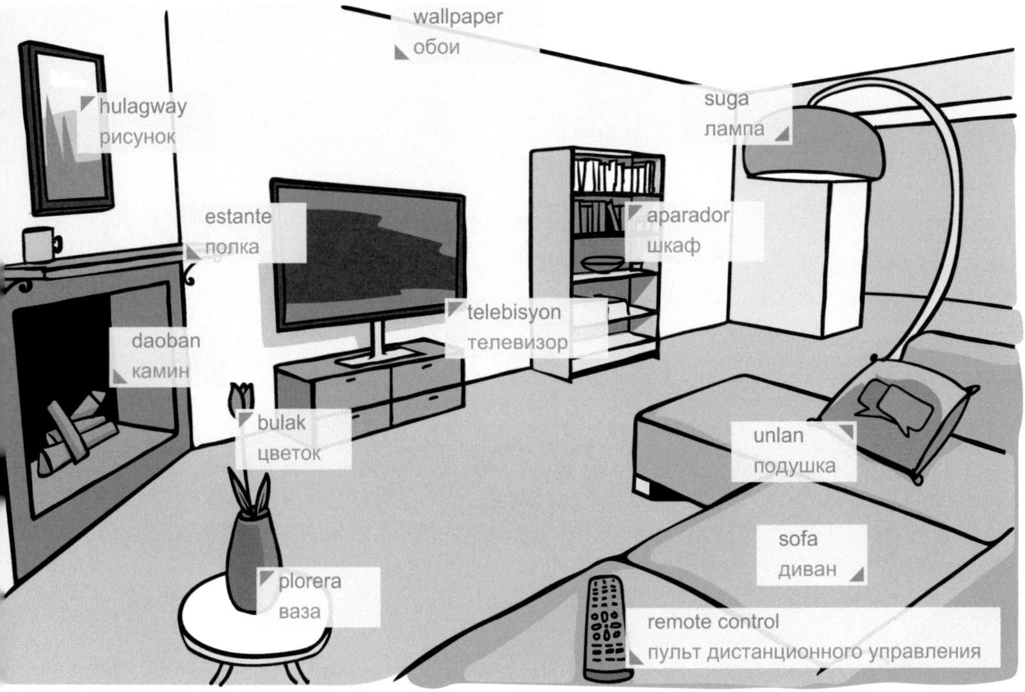

- wallpaper — обои
- hulagway — рисунок
- suga — лампа
- estante — полка
- aparador — шкаф
- daoban — камин
- telebisyon — телевизор
- bulak — цветок
- unlan — подушка
- plorera — ваза
- sofa — диван
- remote control — пульт дистанционного управления

karpet
ковёр

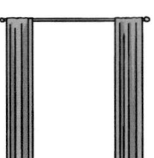

kurtina
штора

lamesa
стол

lingkuranan
стул

rocking chair
кресло-качалка

lingkuranan
кресло

sala - гостиная

libro

книга

habol

покрывало

dekorasyon

украшение

sugnod

дрова

pelikula

фильм

hi-fi

стереосистема

yawe

ключ

mantalaan

газета

hulagway

картина

poster

плакат

radyo

радио

notebook

блокнот

vacuum cleaner

пылесос

kaktus

кактус

kandila

свеча

sala - гостиная

kusina
кухня

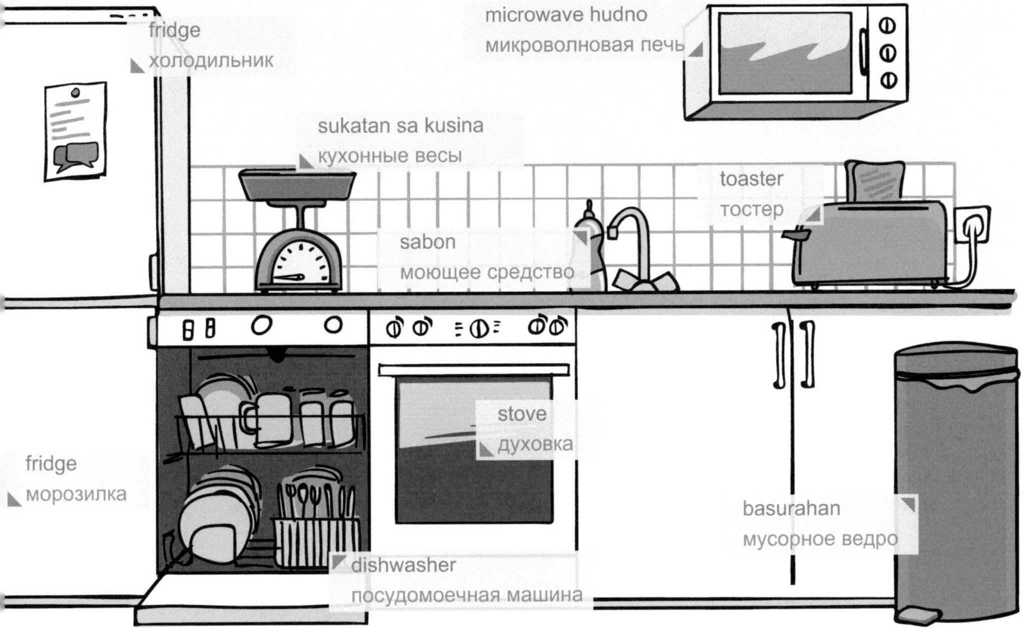

fridge
холодильник

microwave hudno
микроволновая печь

sukatan sa kusina
кухонные весы

sabon
моющее средство

toaster
тостер

stove
духовка

fridge
морозилка

dishwasher
посудомоечная машина

basurahan
мусорное ведро

lutuan
плита

kolon
кастрюля

puthaw nga kaldero
чугунный котелок

wok / kadai
вок / кадай

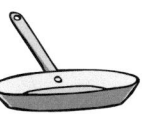

kalaha
сковорода

takure
чайник

steamer
пароварка

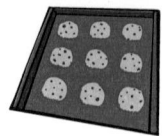
baking tray
противень

crockery
посуда

mug
кружка

panaksan
миска

chopstick
палочки для еды

luwag
половник

spatula
лопатка

whisk
сбивалка

salaan
сито

salaan
сито

pangkudkod
тёрка

pinagba
ступка

barbecue
гриль

bukas nga kalayo
костёр

kusina - кухня

tadtaran

доска

rolling pin

скалка

corcscrew

штопор

lata

жестяная банка

pang-abli sa lata

консервный нож

panapton para sa kolon

прихватка

lababo

раковина

brush

щетка

espongha

губка

blender

миксер

prisir

морозильная камера

beberon

бутылочка для кормления

gripo

кран

kusina - кухня

banyo
ванная комната

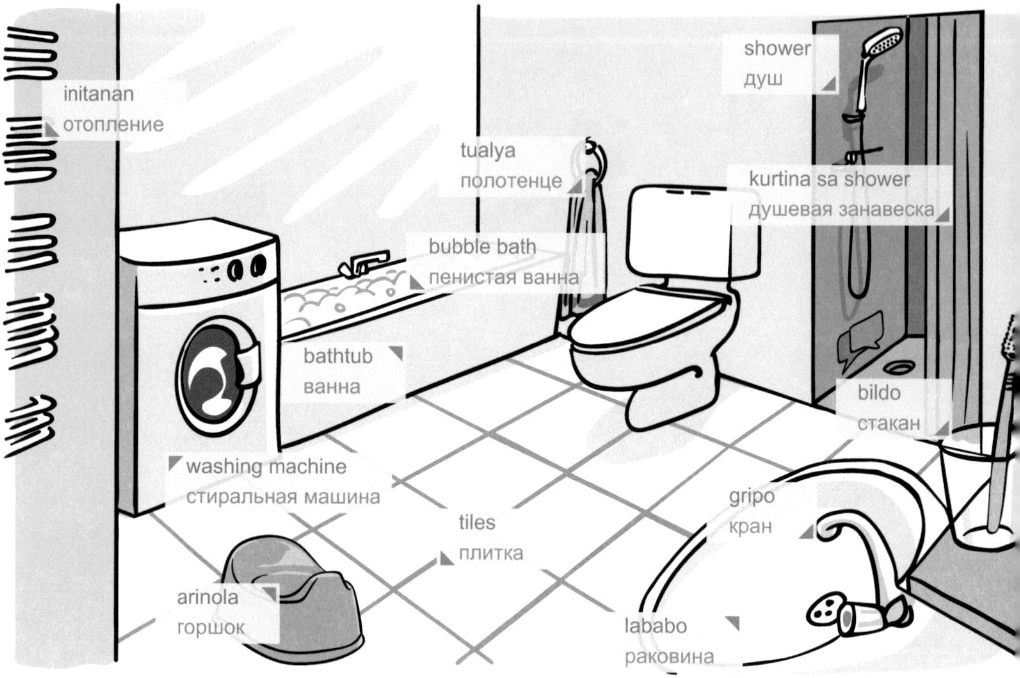

shower
душ

initanan
отопление

tualya
полотенце

kurtina sa shower
душевая занавеска

bubble bath
пенистая ванна

bathtub
ванна

bildo
стакан

washing machine
стиральная машина

tiles
плитка

gripo
кран

arinola
горшок

lababo
раковина

kasilyas

туалет

squat nga kasilyas

напольный унитаз

bidet

биде

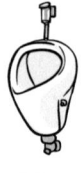

ihian

писсуар

toilet paper

туалетная бумага

iskoba sa kasilyas

ершик

toothbrush

зубная щетка

toothpaste

зубная паста

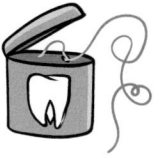

dental floss

зубная нить

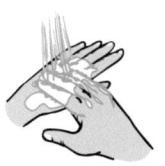

panglaba

мыть

makuptan nga shower

ручной душ

douche

интимный душ

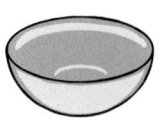

palanggana

таз

brush para sa likod

щетка для спины

sabon

мыло

shower gel

гель для душа

shampoo

шампунь

flannel

мочалка

paagasan

сток

creme

крем

deodorant

дезодорант

banyo - ванная комната

samin

зеркало

makuptan nga samin

ручное зеркало

barbas

бритва

bula nga pang-ahit

пена для бритья

aftershave

лосьон после бритья

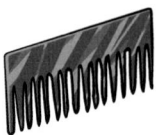

sudlay

расческа

brush

щетка

pampauga sa buhok

фен

hairspray

лак для волос

makeup

косметика

lipstick

губная помада

pampakintab sa kuko

лак для ногтей

gapas nga balhibo sa karnero

вата

gunting sa kuko

маникюрные ножницы

pahumot

духи

banyo - ванная комната

washbag

косметичка

tumbanan

табуретка

mga timbangan

весы

bathrobe

халат

goma nga guwantes

резиновые перчатки

tampon

тампон

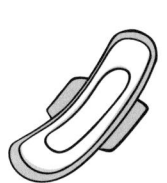

limpyo nga tualya

гигиеническая прокладка

kemikal para sa kasilyas

биотуалет

banyo - ванная комната

kwarto sa bata
детская комната

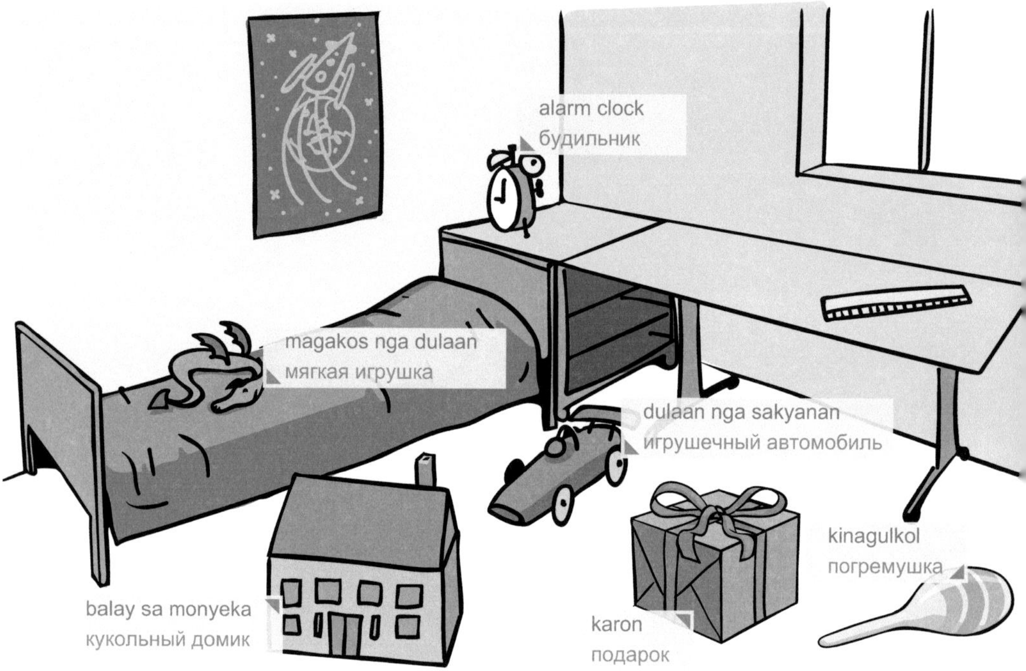

alarm clock
будильник

magakos nga dulaan
мягкая игрушка

dulaan nga sakyanan
игрушечный автомобиль

balay sa monyeka
кукольный домик

karon
подарок

kinagulkol
погремушка

lobo
воздушный шар

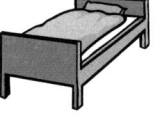

higdaanan
кровать

pram
детская коляска

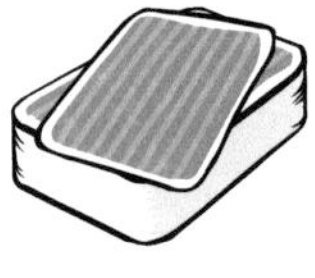

hanay sa mga baraha
карточная игра

jigsaw
пазл

komik
комикс

lego bricks

кирпичики Лего

dulaan nga mga bloke

кубики

action figure

игрушечная фигурка

pagtubo sa bata

ползунки

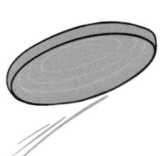

frisbee

фрисби

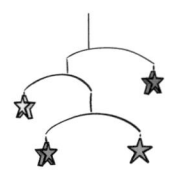

mobile

мобиле

game board

настольная игра

dice

кубик

model nga set sa tren

модель железной дороги

dummy

соска

party

вечеринка

hulagway nga basahon

книга с картинками

bola

мяч

monyeka

кукла

pagduwa

играть

sandpit
песочница

tabyog
качели

mga dulaan
игрушка

video game console
игровая приставка

traysikol
трёхколесный велосипед

teddy bear
плюшевый медвежонок

wardrobe
шкаф для одежды

bisti
одежда

medyas
носки

stockings
чулки

pantyhose
колготки

bandana
шарф

payong
зонтик

t-shirt
футболка

bakos
ремень

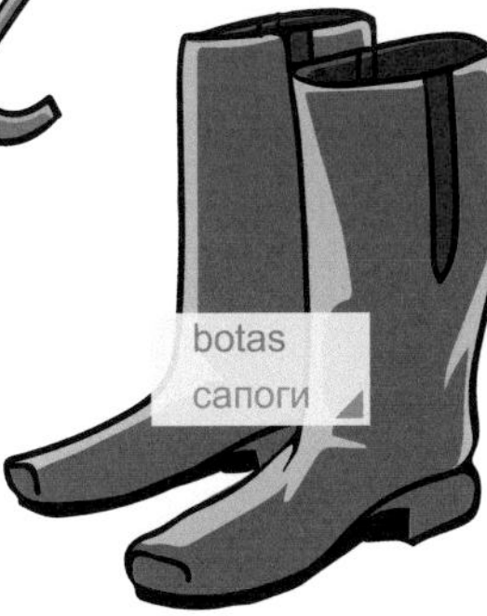

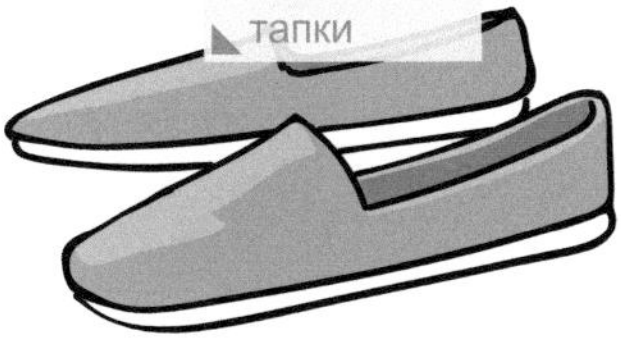

botas
сапоги

tsinelas
тапки

sneakers
кроссовки

sandalyas

сандалии

sapatos

ботинки

goma nga botas

резиновые сапоги

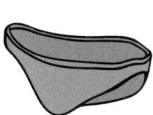

nagpurol

трусы

bra

бюстгальтер

singlet

майка

bisti - одежда

lawas

боди

karsones

брюки

maong

джинсы

sayal

юбка

blusa

блузка

kamiseta

рубашка

pullover

свитер

suwiter

свитер

blazer

спортивная куртка

jacket

жакет

kapa

пальто

kapote

плащ

costume

костюм

sinina

платье

pangkasal nga sinina

свадебное платье

terno
мужской костюм

nightgown
ночная сорочка

pajama
пижама

sari
сари

bandana sa ulo
платок

purong
тюрбан

burqa
паранджа

kaftan
кафтан

abaya
абайя

swimsuit
купальник

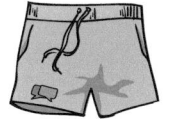
trunks
плавки

short
шорты

tracksuit
спортивный костюм

apron
фартук

guwantis
перчатки

bisti - одежда

butones — пуговица

baso — очки

pulseras — браслет

kwentas — цепочка

singsing — кольцо

ariyos — серьга

kalo — шапка

hanger sa kapa — вешалка

kalo — шляпа

tie — галстук

zip — застежка молния

helmet — шлем

mga brace — подтяжки

uniporme sa eskwelahan — школьная форма

uniporme — форма

bib

детский нагрудник

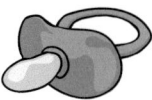

dummy

соска

lampin

подгузник

buhatan
офис

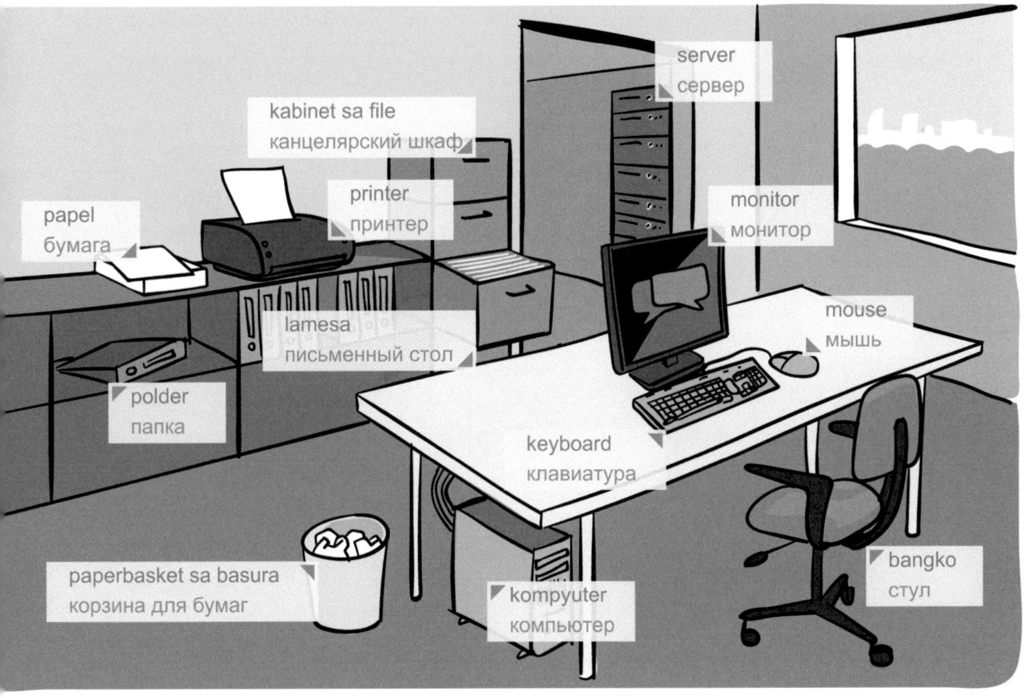

- papel — бумага
- kabinet sa file — канцелярский шкаф
- printer — принтер
- server — сервер
- monitor — монитор
- lamesa — письменный стол
- mouse — мышь
- polder — папка
- keyboard — клавиатура
- paperbasket sa basura — корзина для бумаг
- kompyuter — компьютер
- bangko — стул

tasa sa kape

кофейная кружка

calculator

калькулятор

internet

интернет

laptop

ноутбук

sulat

письмо

mensahe

сообщение

mobile

мобильный телефон

network

сеть

photocopier

ксерокс

software

программа

telepono

телефон

saksakan

розетка

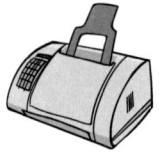

fax machine

факс

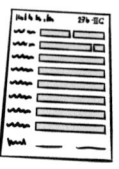

porma

формуляр

dokumento

документ

ekonomiya
экономика

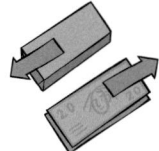
pagpalit
покупать

pagbayad
платить

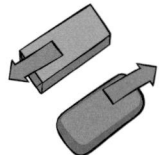
pagbaligya
торговать

salapi
деньги

dolyar
доллар

euro
евро

yen
иена

ruble
рубль

swiss franc
франк

renminbi yuan
жэньминьби юань

rupee
рупия

cash point
банкомат

opisina nga pabayloan ug sapi

пункт обмена валюты

bulawan

золото

silver

серебро

lana

нефть

enerhiya

энергия

presyo

цена

kontrata

договор

buhis

налог

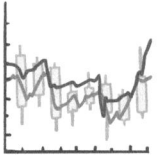

stock

акция

buhat

работать

empleyado

служащий

amo

работодатель

pabrika

фабрика

shop

магазин

ekonomiya - экономика

mga trabaho
профессии

- opisyal sa pulisya — милиционер
- bombero — пожарный
- piloto — пилот
- tagaluto — повар
- doktor — врач

hardinero
садовник

panday
столяр

mananahi
швея

maghuhukom
судья

kemiko
химик

artista
актёр

drayber sa bus

водитель автобуса

drayber sa taksi

таксист

mangingisda

рыбак

tagalimpyo

уборщица

tigtukod ug atop

кровельщик

waiter

официант

mangangayam

охотник

pintor

художник

panadero

пекарь

elektrisyan

электрик

magtutukod

строитель

inhenyero

инженер

mangingihaw

мясник

tubero

сантехник

kartero

почтальон

54 mga trabaho - профессии

sundalo
солдат

arkitekto
архитектор

kahera
кассир

tagatinda ug buwak
флорист

tig-ayog buhok
парикмахер

konduktor
кондуктор

mekaniko
механик

kapitan
капитан

dentista
зубной врач

syentista_1159
ученый

rabbi
раввин

imam
имам

monghe
монах

klerigo
священник

mga trabaho - профессии

mga gamit
инструменты

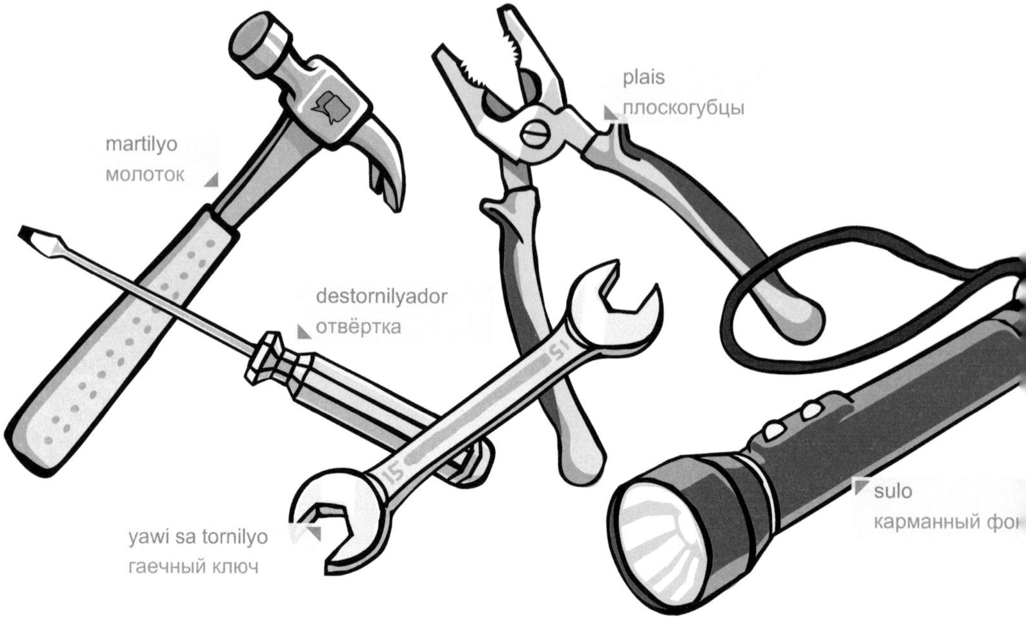

martilyo
молоток

plais
плоскогубцы

destornilyador
отвёртка

yawi sa tornilyo
гаечный ключ

sulo
карманный фонарь

pangkalot
экскаватор

sudlanag hiramenta
ящик для инструментов

hagdan
стремянка

gabas
пила

mga lansang
гвозди

barina
дрель

pag-ayo
ремонтировать

pala
лопата

Buwisit
Блин!

dustpan
совок

sudlanan sa pintal
ведро с краской

mga tornilyo
винты

mga instrumento sa musika
музыкальные инструменты

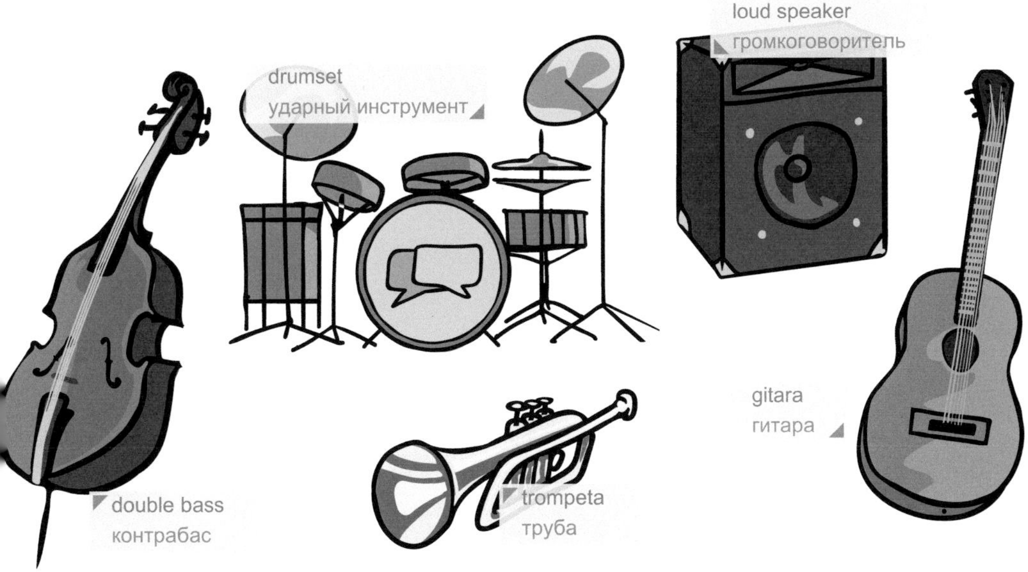

loud speaker
громкоговоритель

drumset
ударный инструмент

double bass
контрабас

trompeta
труба

gitara
гитара

piano
пианино

biyolin
скрипка

bass
бас-гитара

timpani
литавры

drums
барабан

keyboard
синтезатор

saksopon
саксофон

flauta
флейта

mikropono
микрофон

mga instrumento sa musika - музыкальные инструменты

zoo
зоопарк

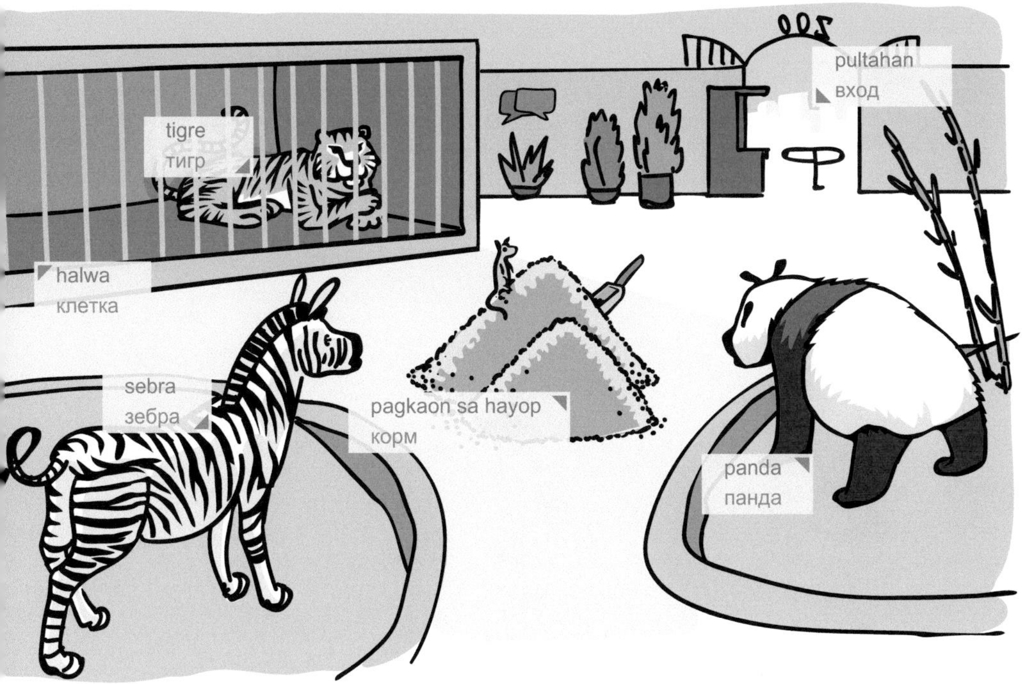

tigre / тигр
pultahan / вход
halwa / клетка
sebra / зебра
pagkaon sa hayop / корм
panda / панда

mga mananap
животные

elepante
слон

kangaroo
кенгуру

rhino
носорог

gorilya
горилла

oso
медведь

kamelyo
верблюд

ostrich
страус

leon
лев

unggoy
обезьяна

flamingo
фламинго

piriko
попугай

polar bear
белый медведь

penguin
пингвин

iho
акула

paboreal
павлин

bitin
змея

buaya
крокодил

tigbantay og zoo
служитель зоопарка

seal
тюлень

jaguar
ягуар

gamay nga kabayo
пони

leopardo
леопард

hipo
бегемот

dyirap
жираф

agila
орёл

baboy
кабан

isda
рыба

pawikan
черепаха

walrus
морж

singgalong
лиса

lagsaw
газель

zoo - зоопарк

sports
спорт

62   sports - спорт

mga kalihokan
действия

- ambak / прыгать
- gakos / обнимать
- katawa / смеяться
- kanta / петь
- paglakaw / идти
- pag-ampo / молиться
- halok / целовать
- damgo / мечтать

isulat
писать

pagguhit
рисовать

ipakita
показывать

itulod
нажимать

ihatag
давать

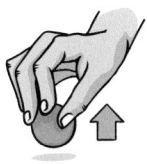

kuhaa
брать

adunay

иметь

pagbuhat

делать

nga

быть

tindog

стоять

dagan

бежать

biraha

тянуть

ilabay

бросать

mahulog

падать

higda

лежать

maghulat

ждать

dalha

носить

lingkod

сидеть

pag-ilis

надевать

katulog

спать

pagmata

просыпаться

mga kalihokan - действия

 tan-awa рассматривать	 hilak плакать	 stroke гладить
 panudlay причесывать	 sulti говорить	 makasabut понимать
 mangutana спрашивать	 pamati слушать	 inom пить
 kaon кушать	 paghipos наводить порядок	 higugmaa любить
 magluto готовить	 pagdrayb ехать	 lupad летать

mga kalihokan - действия

layag
ходить под парусом

kuwentaha
считать

pagbasa
читать

makakat-on
учиться

buhat
работать

magminyo
вступать в брак

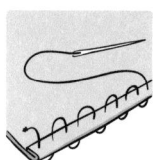
pagtahi
шить

panutbras
чистить зубы

pagpatay
убивать

aso
курить

ipadala
отправлять

mga kalihokan - действия

pamilya
семья

apohan nga babaye
бабушка

apohan nga lalaki
дедушка

amahan
папа

inahan
мама

bata
младенец

anak nga babaye
дочь

anak nga lalake
сын

bisita
гость

iyaan
тетя

uyoan
дядя

igsoon
брат

igsoon nga babaye
сестра

lawas
тело

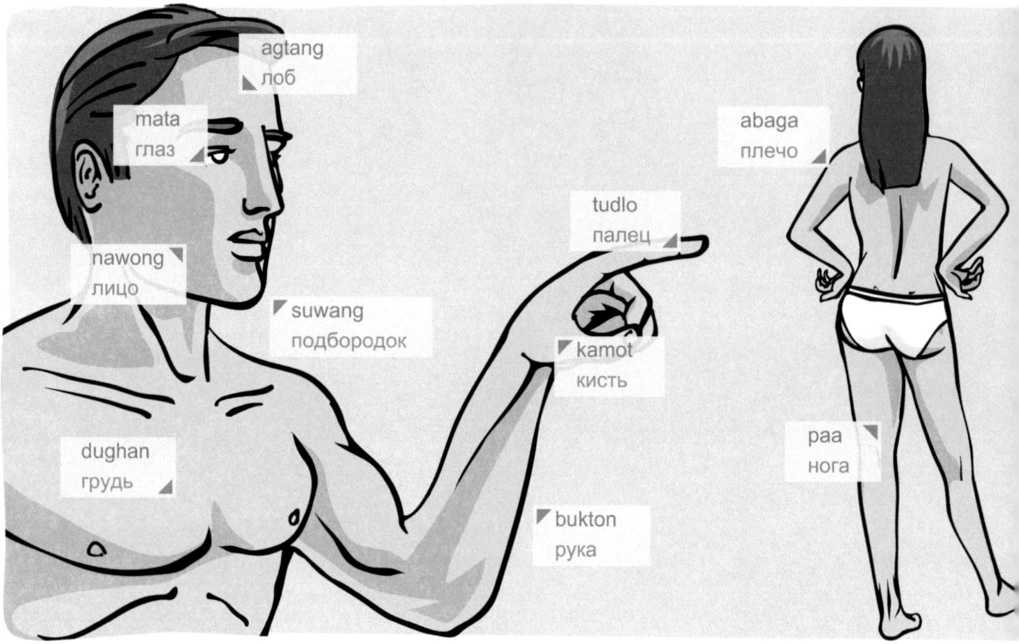

agtang
лоб

mata
глаз

abaga
плечо

nawong
лицо

tudlo
палец

suwang
подбородок

kamot
кисть

dughan
грудь

paa
нога

bukton
рука

bata

младенец

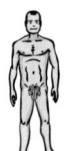

tawo

мужчина

babaye

женщина

bata nga babaye

девочка

bata nga lalaki

мальчик

ulo

голова

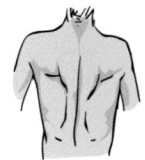
balik
спина

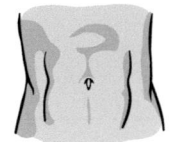
tiyan
живот

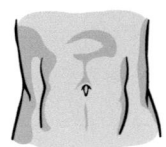
pusod
пупок

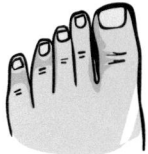
tudlo sa tiil
палец ноги

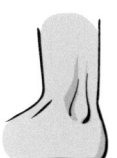
tikod
пятка

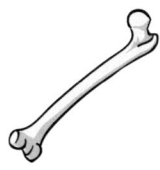
bukog
кость

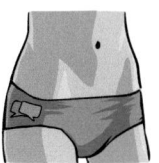
hawak
бедро

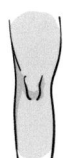
tuhod
колено

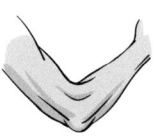
siko
локоть

ilong
нос

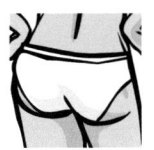
ubos
ягодицы

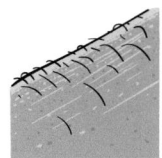
panit
кожа

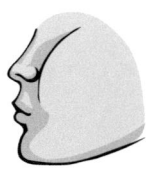
aping
щека

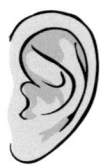
dalunggan
ухо

ngabil
губа

baba
рот

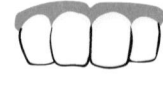
ngipon
зуб

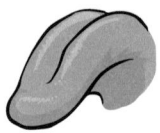
dila
язык

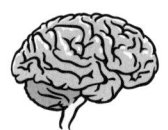
utok
мозг

kasingkasing
сердце

kaunoran
мышца

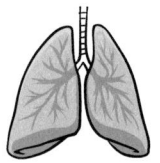
baga
лёгкое

atay
печень

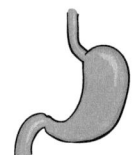
tiyan
желудок

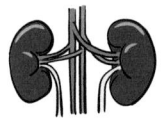
mga kidney
почки

sex
половой акт

condom
презерватив

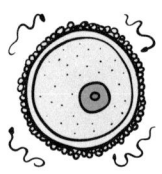
binhi
яйцеклетка

binhi
сперма

pagmabdos
беременность

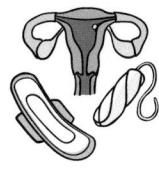

pagregla

менструация

bilat

вагина

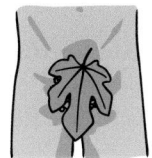

kinatawo

пенис

kilay

бровь

buhok

волосы

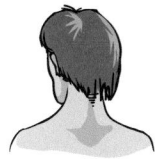

liog

шея

ospital
больница

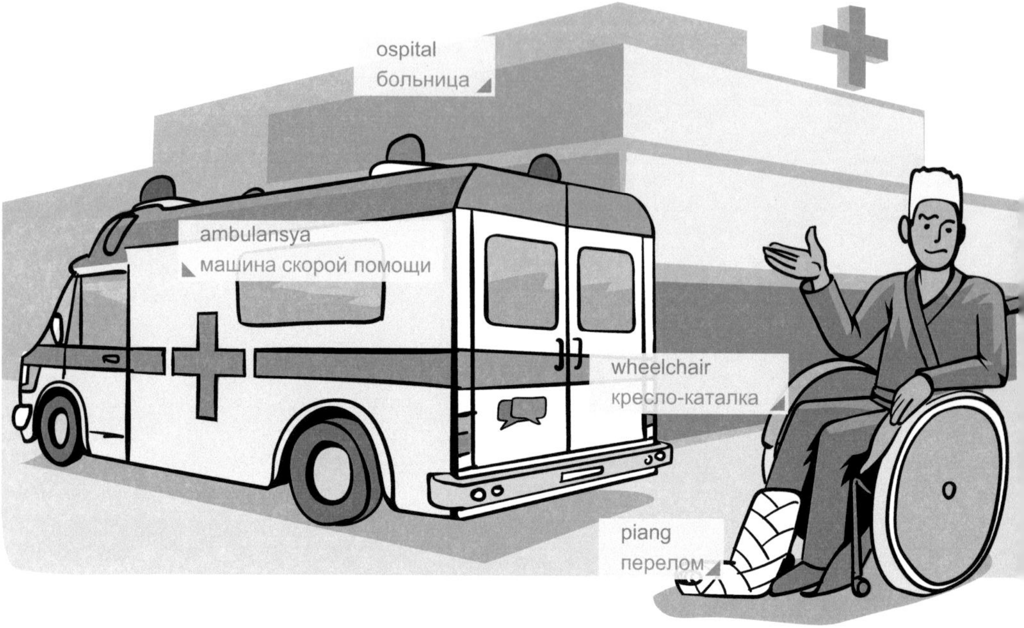

ospital
больница

ambulansya
машина скорой помощи

wheelchair
кресло-каталка

piang
перелом

doktor
врач

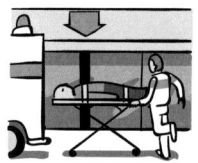

emergency room
пункт первой помощи

nurse
медсестра

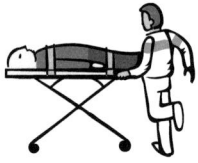

emergency
неотложный случай

walay panimuot
без сознания

kasakit
боль

kadaot
повреждение

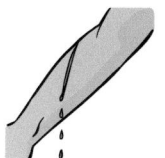

pagdugo
кровотечение

pag-atake sa kasingkasing
инфаркт

stroke
инсульт

alerdyi
аллергия

ubo
кашель

hilanat
повышенная температура

trangkaso
грипп

pagkalibang
понос

labad
головная боль

kanser
рак

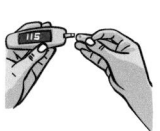

diabetes
диабет

siruhano
хирург

scalpel
скальпель

operasyon
операция

ospital - больница

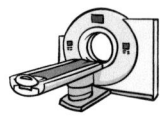
CT
КТ

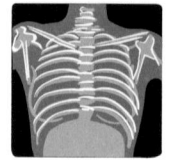
x-ray
рентген

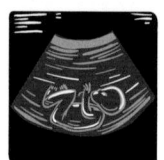
ultrasound
ультразвук

maskara sa nawong
маска

sakit
болезнь

hulatanan nga lawak
приёмная

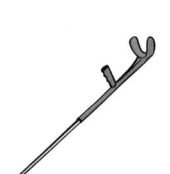
sungkod
костыль

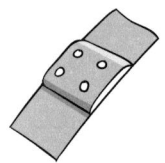
plaster
пластырь

bandage
бинт

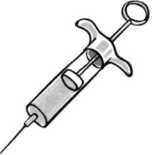
indeyksiyon
укол

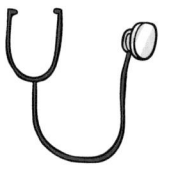
stethoscope
стетоскоп

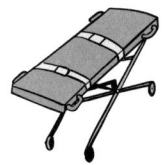
stretcher
носилки

clinical thermometer
термометр

pagkatawo
рождение

sobra sa timbang
избыточный вес

ospital - больница

tabang sa pandungog

слуховой аппарат

disimpektante

дезинфекционное средство

impeksyon

инфекция

virus

вирус

HIV / AIDS

ВИЧ / СПИД

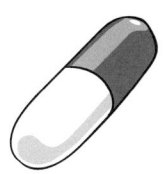

tambal

лекарство

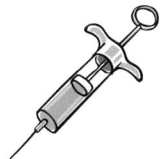

pagbakuna

прививка

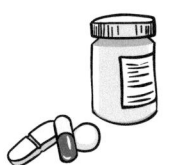

papan

таблетки

pildora

противозачаточная таблетка

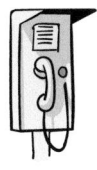

emergency nga tawag

экстренный вызов

high blood pressure monitor

прибор для измерения кровяного давления

sakit / himsog

больной / здоровый

emergency
неотложный случай

alarm
сигнал тревоги

pag-atake
нападение

Tabang!
Помогите!

pag-atake
атака

kakuyaw
опасность

emergency exit
запасной выход

Sunog
Пожар!

fire extinguisher
огнетушитель

aksidente
несчастный случай

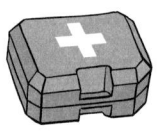
first-aid kit
аптечка

SOS
SOS

sa kapulisan
милиция

yuta
земля

Europa
Европа

North America
Северная Америка

South America
Южная Америка

Africa
Африка

Asya
Азия

Australia
Австралия

Atlantiko
Атлантический океан

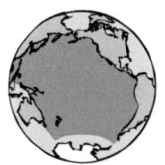
Pasipiko
Тихий океан

Indian Ocean
Индийский океан

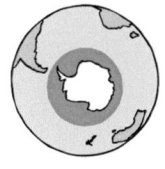
Antarctic Ocean
Антарктический океан

Arctic Ocean
Северный Ледовитый океан

North pole
Северный полюс

South pole
Южный полюс

Antartika
Антарктика

yuta
земля

yuta
суша

dagat
море

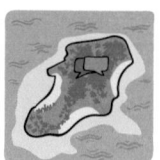
isla
остров

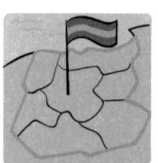
nasud
нация

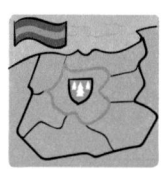
estado
государство

orasan
часы

nawong sa orasan

циферблат

kamot sa oras

часовая стрелка

kamot sa minutos

минутная стрелка

ikaduha nga kamot

секундная стрелка

Unsang orasa na?

Который час?

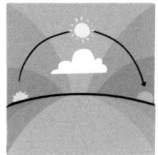

adlaw

день

oras

время

karon

сейчас

digital nga relo

электронные часы

minuto

минута

oras

час

semana
неделя

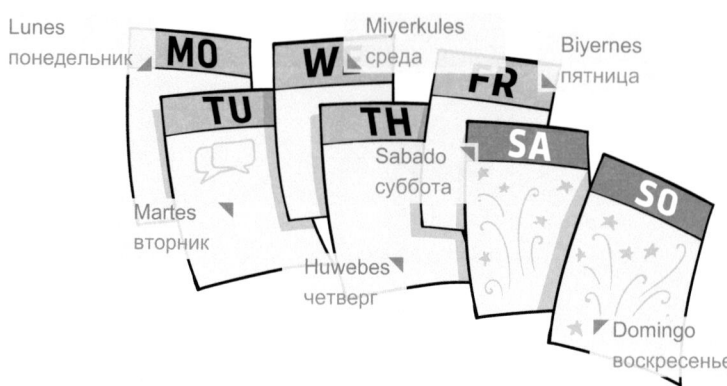

Lunes — понедельник
Martes — вторник
Miyerkules — среда
Huwebes — четверг
Biyernes — пятница
Sabado — суббота
Domingo — воскресенье

kagahapon

вчера

karon

сегодня

ugma

завтра

buntag

утро

udto

полдень

gabii

вечер

mga adlaw sa negosyo

рабочие дни

katapusan sa semana

выходные

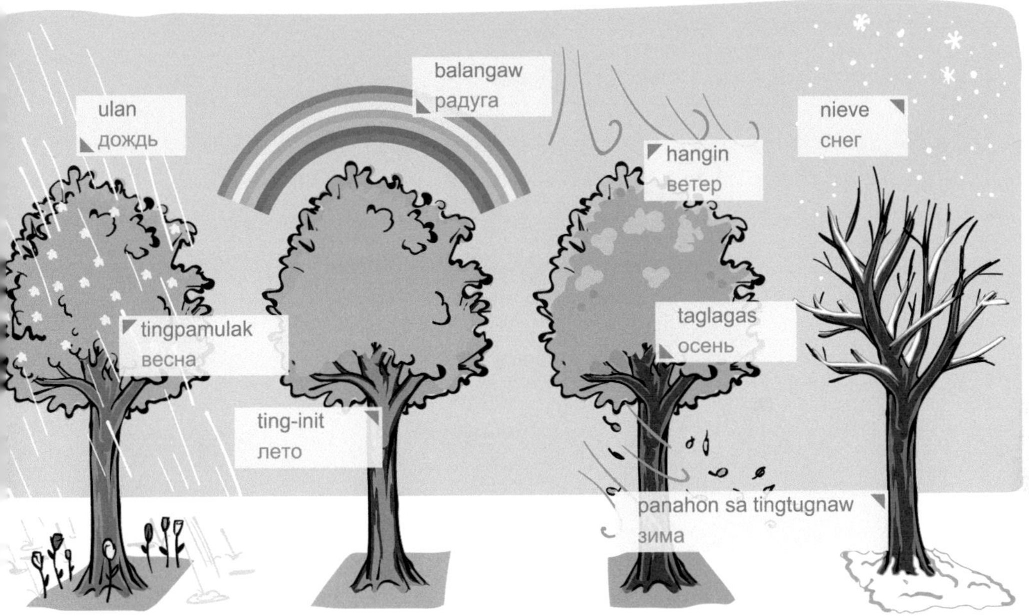

tuig
год

ulan
дождь

balangaw
радуга

hangin
ветер

nieve
снег

tingpamulak
весна

ting-init
лето

taglagas
осень

panahon sa tingtugnaw
зима

pagbanabana sa panahon

прогноз погоды

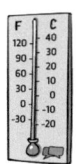

termometro

термометр

kahayag sa adlaw

солнечный свет

panganod

туча

gabon

туман

kaumog

влажность воздуха

kilat

молния

dalugdog

гром

bagyo

буря

ulan nga yelo

град

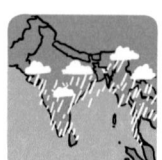

habagat

муссон

baha

наводнение

yelo

лёд

Enero

январь

Pebrero

февраль

Marso

март

Abril

апрель

Mayo

май

Hunyo

июнь

Hulyo

июль

Agosto

август

Septyembre

сентябрь

Oktubre

октябрь

Nobyembre

ноябрь

Disyembre

декабрь

mga porma
формы

lingin

круг

kuwadrado

квадрат

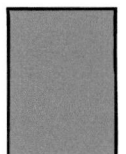
rektanggulo

прямоугольник

trianggulo

треугольник

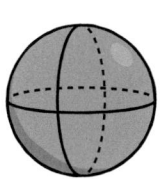
palingin

шар

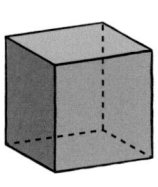
kyub

куб

mga kolor
цвета

puti
белый

dalag
желтый

dalag
оранжевый

rosas
розовый

pula
красный

ube
лиловый

asul
синий

berde
зелёный

kolor kape
коричневый

grey
серый

itom
черный

kaatbang
противоположности

daghan / gamay

много / мало

nasuko / kalma

яростный / мирный

matahum / mangil-ad

красивый / уродливый

sugod / katapusan

начало / конец

dako / gamay

большой / маленький

mahayag nga / mangitngit

светлый / тёмный

igsoon nga lalaki / igsoon nga babaye

брат / сестра

hinlo / hugaw

чистый / грязный

bug-os nga / dili kompleto

полный / неполный

adlaw / gabii

день / ночь

patay / buhi

мёртвый / живой

lapad / pig-ot

широкий / узкий

makaon / dili makaon

съедобный / несъедобный

dautan / maayo

злой / дружелюбный

naghinam-hinam / gilaayan

взволнованный / скучающий

tambok / niwang

толстый / худой

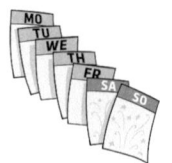

una / katapusan

сначала / в конце

higala / kaaway

друг / враг

puno / walay sulod

полный / пустой

gahi / humok

твёрдый / мягкий

bug-at / gaan

тяжёлый / лёгкий

kagutom / kauhaw

голод / жажда

sakit / himsog

больной / здоровый

iligal / ligal

незаконный / законный

intelihente / hungog

умный / глупый

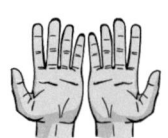

wala / tuo

слева / справа

duol / layo

близко / далеко

bag-o / gigamit

новый / подержанный

wala / naa

ничто / нечто

tigulang / bata

старый / молодой

naka-on / naka-off

включено / выключено

ablihi / sirado

открыто / закрыто

hilum / kusog

тихо / громко

dato / pobre

богатый / бедный

tama / sayup

правильный / неправильный

bagis / hapsay

шероховатый / гладкий

masulub-on / malipayon

печальный / счастливый

mubo / taas

короткий / длинный

hinay / dali

медленный / быстрый

basa / uga

мокрый / сухой

init / bugnaw

тёплый / прохладный

giyera / kalinaw

война / мир

kaatbang - противоположности

mga numero
цифры

0
zero
ноль

1
usa
один

2
duha
два

3
tulo
три

4
upat
четыре

5
lima
пять

6
unom
шесть

7
pito
семь

8
walo
восемь

9
siyam
девять

10
napulo
десять

11
napulo ug usa
одиннадцать

12
napulo ug duha
двенадцать

13
napulo ug tulo
тринадцать

14
napulo ug upat
четырнадцать

15
napulo ug lima
пятнадцать

16
napulo ug unom
шестнадцать

17
napulo ug pito
семнадцать

18
napulo ug walo
восемнадцать

19
napulo ug siyam
девятнадцать

20
kawhaan
двадцать

100
ka gatus ka
сто

1.000
ka libo ka mga
тысяча

1.000.000
milyon
миллион

mga numero - цифры

mga pinulongan
языки

Iningles

английский

Iningles sa Amerika

американский английский

Chinese Mandarin

мандаринский китайский

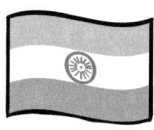

Hindi

хинди

Kinatsila

испанский

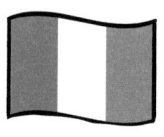

Pransiya

французский

Arabiko

арабский

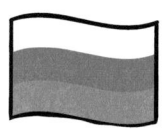

Russian

русский

Portuguese

португальский

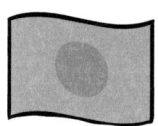

Bengali

бенгальский

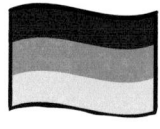

German

немецкий

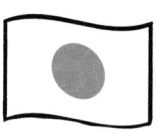

Hapon

японский

kinsa / unsa / unsaon
кто / что / как

Ako
я

ikaw
ты

siya / kini
он / она / оно

kami
мы

ikaw
вы

sila
они

kinsa
кто?

unsa
что?

giunsa
как?

diin
где?

kanus-a
когда?

ngalan
имя

diin
где

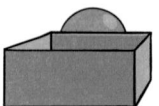

sa luyo

за

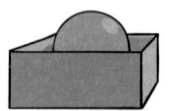

sa

в

sa atubangan sa

перед

itaas sa

над

sa

на

ilawom sa

под

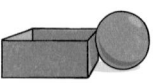

tapad

рядом

taliwala sa

между

lugar

место